Salomon Hermann von Mosenthal

Die Königin von Saba

Libretto der
Oper in vier Aufzügen
von Karl Goldmark

Salomon Hermann von Mosenthal: Die Königin von Saba. Libretto der Oper in vier Aufzügen von Karl Goldmark

Komponiert von Karl Goldmark. Uraufführung am 10.03.1875, Hofoper, Wien.

Neuausgabe mit einer Biographie des Autors
Herausgegeben von Karl-Maria Guth
Berlin 2020

Der Text dieser Ausgabe folgt:
Karl Goldmark: Die Königin von Saba. Oper in vier Aufzügen, nach einem Text von H.S. Mosenthal von Carl Goldmark, hg. v. Georg Richard Kruse, Leipzig: Reclam, [1912].

Dieses Buch folgt in Rechtschreibung und Zeichensetzung obiger Textgrundlage.

Die Paginierung obiger Ausgabe wird hier als Marginalie zeilengenau mitgeführt.

Umschlaggestaltung von Thomas Schultz-Overhage

Gesetzt aus der Minion Pro, 11 pt

Die Sammlung Hofenberg erscheint im
Verlag der Contumax GmbH & Co. KG, Berlin
Herstellung: BoD – Books on Demand, Norderstedt

Die Ausgaben der Sammlung Hofenberg basieren auf zuverlässigen Textgrundlagen. Die Seitenkonkordanz zu anerkannten Studienausgaben machen Hofenbergtexte auch in wissenschaftlichem Zusammenhang zitierfähig.

ISBN 978-3-7437-3709-9

Bibliografische Information der Deutschen Nationalbibliothek

Die Deutsche Nationalbibliothek verzeichnet diese Publikation in der Deutschen Nationalbibliografie; detaillierte bibliografische Daten sind im Internet über www.dnb.de abrufbar.

Personen

König Salomon (Bariton)

Hohepriester (Baß)

Sulamith, seine Tochter (Sopran)

Assad (Tenor)

Baal-Haanan, Palastaufseher (Bariton)

Die Königin von Saba (Mezzo-Sopran)

Astaroth, eine Mohrin, ihre Sklavin (Sopran)

Stimme des Tempelwächters (Baß)

Priester, Leviten, Sänger, Harfenspieler Leibwachen, Frauen des Harems, Bajaderen, Volk

Schauplatz der Handlung. Jerusalem und die syrische Wüste. Erster Aufzug: Halle im Palaste Salomons. Zweiter Aufzug. Garten. – Später im Tempel. Dritter Aufzug: Festhalle. Vierter Aufzug: In der Wüste.

21

3

Erster Aufzug.

Halle im Palast Salomons.

*Zwei Prachtpfeiler teilen den Hintergrund in drei Bogen, die
kleineren führen in Säulengänge Von der Höhe der Bühne, auf
beiden Seiten im Hintergrunde herab führen breite Treppen mit
Teppichen belegt, am Fuße der Treppen goldene Löwen, links und
rechts Türen aus Ebenholz und Gold. Links im Vordergrunde der
Löwenthron. Das Ganze bietet den Anblick der höchsten Pracht.
Über die Treppen herab steigen von der linken Seite die Frauen
Salomons in festlichen Gewändern, verschleiert Sklavinnen mit
Pauken, Harfen und Triangeln folgen. Von der rechten Seite folgen
die Töchter Jerusalems, Mägde mit goldenen Blumenkörben
begleiten sie. Rechts im Vordergrunde steht Baal-Haanan von
Leibwachen umgeben. Die Türen von Leibwachen besetzt.*

Rechts und links vom Zuschauer aus angenommen.

Vorspiel.

Der Vorhang öffnet sich beim 3. Takte des 3/4 F-Dur.

Erster Auftritt.

Baal-Haanan. Leibwache. Frauen. Mägde. Sklavinnen.

CHOR.
    Öffnet euch, Tore, schmückt euch, ihr Hallen,
    Duftige Kränze, umwindet den Saal!
    Lasset die Harfen, die Zymbeln erschallen,
    Blendet der Sonne leuchtenden Strahl!
    Denn über alle irdischen Reiche
    Hat Gott Salomons Herrschaft gestellt.

Daß sich auf Erden ihm keines vergleiche,
Zeigt es jubelnd der staunenden Welt!

Zweiter Auftritt.

Die Vorigen. Hohepriester im weißen Ornat und Sulamith von rechts eintretend. Alle verneigen sich.

HOHEPRIESTER.
Tritt ohne Zagen ein,
Mein Kind, zur Königshalle,
Die Töchter Salems alle
Im Festschmuck harren dein.
Nicht nur den hohen Gast
Bringt uns die nächste Stunde,
Auch ihn, den du zum Bunde
Dir auserkoren hast.
Dein Assad er kehrt zurück.
Und mit dem Hochzeitsschleier
Trittst du zur heil'gen Feier
Mit ihm zum Hochaltar!
Den König lad' ich und den fremden Gast zu Zeugen,
Die stolze Heidin soll sich vor Jehova beugen!

Er geht nach links ab. Alle verneigen sich. Baal-Haanan begleitet ihn, die Wachen desgleichen. Am Ausgange verabschiedet er sich nochmals von Sulamith, indem er, ihr die Hand aufs Haupt legend, sie zärtlich betrachtet.

Dritter Auftritt.

Sulamith. Die Frauen.

SULAMITH.
Mein Assad kehrt zurück!

Ach nur dies eine Wort hallt durch die Seele wider.
Gespielen hört mein Glück!
Singt mit mir Jubellieder,
Mein Assad kehrt zurück!
CHOR.
Der Freund ist dein,
Der Freund ist dein,
Der unter Rosen weidet.

Ein Teil der Frauen spielt Harfe zu dem Chor. Mädchen mit 24
Blumenkörben, andere Tamburin und Triangel spielend, begleiten
mit anmutig ruhiger Tanzbewegung den Gesang. Bei der
Schlußfermate bilden die Tanzenden eine enge Gruppe im Halbkreis
um Sulamith.

SULAMITH.
Mein Freund, er ist ein Myrrhenstrauß,
Der sich an meinen Busen schmiegt.
Ich halte ihn, ich segne ihn,
Mich labt seine Wonneduft!
CHOR.
Der Freund ist dein,
Der Freund ist dein,
Der unter Rosen weidet!
SULAMITH.
Mein Freund, er ist ein Labekelch,
Der lieblich mir die Lippe kühlt.
Ich halte ihn, ich segne ihn,
Mich labt sein Honigkuß!
CHOR.
Der Freund ist dein,
Der Freund ist dein,
Der unter Rosen weidet!
SULAMITH UND CHOR.
Der Freund, der Freund ist mein! / dein!

Bei den ersten Klängen des Marschtempo fliegt Sulamith dem Assad entgegen nach dem Hintergrund. Krieger treten ein, Baal-Haanan von der linken Seite mit dem Hohenpriester und Wachen, die Frauen zurückdrängend. Sulamith steht in zitternder Erwartung an ihren Vater gelehnt im Hintergrunde.

Vierter Auftritt.

Sulamith. Hohepriester. Baal-Haanan. Chor. Assad. Assad tritt von rechts ein, kostbar gerüstet, bleich und befangen.

ASSAD *gemessen, zu Baal-Haanan.*
  Dem König Heil! Es naht sein hoher Gast!
  Am Tore Gad hält sie nur kurze Rast.

Er tritt langsam vor.

  Sie gürtet sich mit festlichem Geschmeide,
  In kurzer Frist wird dem Palast sie nahn.
  Was mir geboten ward, es ist getan,
  Dem König Heil! Erlaubt mir, daß ich scheide!

Er wendet sich.

HOHEPRIESTER *vortretend.*
  Blick um dich, teurer Sohn, wer deiner harrt!
SULAMITH *vortretend.*
  Mein Assad!
ASSAD *erbebend.*
  Sulamith! Weh mir! mein Herz erstarrt!
  Entsetzen schauert durch mein Gebein!

Er weicht zurück. Sulamith steht erbleichend. Hohepriester mißt mit gewaltigem Blick den Zurückweichenden.

SULAMITH *reißt sich von den Mädchen los und eilt auf Assad zu.*
    Assad, sprich, was ist geschehen?
    Dir zu Füßen sieh mich hier!
ASSAD.
    Frag mich nicht, was ich gesehen,
    Doch verloren bin ich dir!
SULAMITH.
    Nein, nein, du bist mir ewig eigen,
    Nur der Tod entreißt dich mir!
ASSAD *abgewendet.*
    Laß mich fliehen – laß mich schweigen!
    Laß mich sterben, fern von hier!
SULAMITH, HOHEPRIESTER, ASSAD, BAAL-HAANAN UND
    CHOR.
    Welches Bangen, welche Qual,
    Wer schafft Lösung, wer schafft Rat!
HOHEPRIESTER.
    Sende, Herr, uns deine Strahlen!
ALLE.
    Welches Bangen, welche Qualen!
SULAMITH UND ASSAD.
    Weh mir!
BAAL-HAANAN *stark.*
    Der König naht!   26

Fünfter Auftritt.

*Die Vorigen. Salomon von links ohne Mantel und Krone, kostbar
    gekleidet; alle sinken nieder, nur Assad nicht, der stumm und
    Sulamith, die verzweifelt neben dem Hohenpriester steht. Letzterer
    hebt die Hände segnend gegen den König. Die Wachen schwenken
                    die Waffen.*

SALOMON *einen langen, prüfenden Blick über die Gruppe werfend.*
    Mein Blick gewahrt Befremden ringsherum.
    Wie? Alles schweigt?

Weich.

Mein Assad, du bist stumm,
Und jenes holde Auge schwimmt in Zähren!

Sulamith stürzt zu den Füßen des Königs.

Was hier geschehen sei, ich frage nicht,
Mir sagt's der Geist, der in der Seele spricht,
Und seine Macht wird jeden Zweifel klären!

Majestätisch.

Steht auf und tretet in die Halle dort!
Du, Assad, bleib! Hör' deines Königs Wort!

*Alle erheben und entfernen sich langsam durch die Säulengänge
rechts und links. Assad bleibt starr und stumm. Der Hohepriester
im Abgehen mit tröstender Gebärde die Erleuchtung durch Gott
verheißend.*

Sechster Auftritt.

Salomon. Assad.

SALOMON.
Ich les' auf deinem bleichen Munde,
Was deine Lippe stumm verschweigt.
Dein Herz war Sulamith geneigt –

Assad bejaht schmerzlich.

Und du begehrtest sie zum Bunde –

Ebenso.

Doch seit der Fahrt ins fremde Land
Hat sich dein Herz von ihr gewandt.
ASSAD.
Mein Herr und König, du sprichst wahr,
Dir sind die tiefgeheimsten Falten
Der Menschenseele offenbar.

Du kennst die finsteren Gewalten,
Die zwischen Erd' und Himmel
Uns mit Zauberbann umgeben,
So bann den Dämon auch, den ich erblickt,
Der mir das Herz mit Zaubermacht bestrickt.

Zu den Füßen des Königs.

Erlöse mich, sonst ist's um mich geschehn!
SALOMON.
Erzähle, sprich, was du gesehen.

Assad erhebt sich.

ASSAD.
Am Fuß des Libanon traf ich der Königin Schar
Und bracht' ihr deine Botschaft dar,
Allein sie selbst sah keiner von uns allen,
Nur vor dem König soll ihr Schleier fallen.
Und in den Zedernwald, müd' von des Tages Schwüle,
Schlich ich gedankenvoll und suchte Ruh' und Kühle,
Dort in dem heimlich grünen Schoß
Lautloser Einsamkeit, sank ich ins Moos.
Da horch! da plätschert eine Silberquelle,
So schmeichelnd lockt es, plaudert süß und leise,
Entzückt mein Herz mit träumerischer Weise,
Und durch die grünen Zweige schimmert's helle.

Geheimnisvoll flüsternd.

Ich hebe mich zu lauschen und zu spähen,
Und – ewige Mächte – was hab' ich gesehen!

Zart und innig.

Aus klaren Fluten steigt ein Schwanenleib,
Auf Wellen ruht das himmlisch schönste Weib.
Das schwarze Haar hüllt ihren Nacken ein
Wie Ebenholz ein Bild von Elfenbein.
Zwei Sterne blitzen durch der Wimper Nacht,
Zwei Rosen halten über Perlen Wacht,
Zwei Arme schlingen sich zum Lilienkranz,
Das Aug' erblindet vor der Schönheit Glanz.
Es zieht mich hin, und sie entflieht mir nicht,
Sie neigt mir zu das lichte Angesicht,

Mit immer steigender, leidenschaftlicher Erregung.

Sie schlingt den Arm mir um den Nacken fest,
Sie hält mich an die süße Brust gepreßt!

Immer anwachsend.

Und taumelnd sink' ich und verworren hin,
Zu Füßen ihr der holden Zauberin.
Da rauscht's im Schilfe, sie erschrickt und späht,
Sie hebt sich, flieht, und ist in Luft verweht.
O zauberhafter Traum, der meine Seel' erfüllt!
SALOMON.
Ob dich ein böser Zauber quäle,
Ob jenes Bild voll Reiz und Lust
Ein Dämon deiner eignen Seele,
Noch bin ich mir's nicht klar bewußt.
Doch über mir, im Reich der Geister
Mit ewig unverhülltem Blick,
Schwebt Adonai, mein Herr und Meister,
Und ihm befehl' ich dein Geschick.

ASSAD.

Mein Mut flammt auf, mein Herz wird frei,
Der Hoffnung Strahl belebt mich neu.
Ich darf Versöhnung, Gnade hoffen,
Der Himmel steht mir wieder offen.
Mein Herr und König magst du's künden,
Wo werde ich Erlösung finden?

SALOMON.

Tritt mit der Braut zum Hochaltare
Und fasse ihre reine Hand,
Und heil'ger Friedens-Hoffnungsschein
Zieh tröstend in das Herz die ein!
Mein Assad, vertrau dem Herrn dein Geschick.

ASSAD.

Auf, auf zum heiligen Altare
Mich führet deine weise Hand!
Und Friede zieht nach banger Pein
Versöhnend in das Herz mir ein!

Beide gehen nach links ab. 29

Siebenter Auftritt.

Einzugsmarsch der Königin von Saba.

*Soldaten ziehen auf. Aus den Seitenhallen ziehen Frauen und
Jungfrauen, von Sklavinnen begleitet, ein. Die Frauen streuen
Rosen, die Sklavinnen tragen Harfen. Die Leibwache zieht durch
die Mitte ein. Andere Frauen, von Sklavinnen begleitet, ziehen von
der entgegengesetzten Seite in der Art der früheren ein. Vier
Trompeter auf Stufen in der Vorhalle aufgestellt. – Es beginnt der
Einzug des Gefolges der Königin von Saba. Sklaven und Sklavinnen,
Weiße und Mohren, mit goldenen und anderen Prachtgefäßen,
gefüllt mit Goldstand, Perlen, Edelsteinen und Spezereien. –
Phantastische Gruppierung. – Die Königin erscheint auf einem*

Palankin getragen mit Astaroth Unter der Halle wird die Königin
von den Sklaven herabgehoben.

CHOR.
>Heil! Heil! der Königin Heil!
>Sabas großer Kön'gin Heil!
>Sonne des Mittags, Arabiens Stern,
>Sei uns gegrüßt im Palast des Herrn.
>Fülle der Wonne sei dein Teil,
>Sabas großer Kön'gin Heil!

Das Gefolge des Königs erscheint. Dann die Königin, bedeckt mit
Juwelen und Perlen. Von dem gekrönten Turban herab wallt ein
golddurchwirkter Schleier, die ganze Gestalt umhüllend.

Salomon von links kommend mit Krönungsmantel und Krone.
Ihm folgt der Hohepriester, Baal-Haanan, Assad, Sulamith an
Assad geschmiegt.

SALOMON.
>Willkommen, edler Gast, in diesen Hallen!
>Es reicht dir Salomon die königliche Hand!
>Laß dir's in Zions Mauern wohl gefallen;
>Zu deinen Füßen legt er das gelobte Land!
KÖNIGIN.
>Heil, König, dir! und sieh zu deinen Füßen,
>Was meines Reiches Krone ziert!

Sie macht eine darbietende Bewegung. Sämtliche Geschenke
tragende Sklaven bilden vor dem König eine Gruppe.

>Die Düfte, die Arabiens Luft versüßen,
>Die Perlen, die Arabiens Meer gebiert;
>Sieh seine Kinder in den Staub gebückt,
>Als deine Sklaven, König, nimm sie hin!
>Und sieh, was noch kein Sterblicher erblickt,

Stolz

Das Antlitz seiner Königin!

Sie entschleiert sich.

ASSAD *vorstürzend.*
    Träum' ich! Nein, es ist kein Wahn,
    Sie ist's, sie selbst!
SALOMON *dazwischen tretend.*
    Was ficht dich an?

Stellung: Hohepriester. Sulamith. Assad. Salomon. Königin.
Astaroth. Baal-Haanan.

ASSAD *starrt die Königin an, diese mißt ihn mit eisigen Blicken.*
    Dieses Auge, diese Züge,
    Ew'ger Gott, es ist kein Wahn!
    Ist kein Traumbild, keine Lüge,
    Goldnes Leben blickt mich an!
    Durch die Seele zieht ein Bangen,
    Zieht ein glühendes Verlangen
    Sie, die Göttin, zu umfangen,
    Sei's dann auch um mich getan!
KÖNIGIN.
    Dieses Auge, diese Züge,
    Leiser Schauer faßt mich an!
    Steh mir bei, du Geist der Lüge,
    Und erstick den süßen Wahn!
    Flüchtiger Hauch, du bist vergangen,
    Höher strebet mein Verlangen;
    Was ich kühn mich unterfangen,
    Unverrückt sei es getan!
SULAMITH.
    Dieses Auge, diese Züge,
    Ihn umstrickt ein fremder Wahn,
    Assad, Assad, sieh, ich schmiege

Mich an deine Seite an!
Will an deiner Seele hangen,
Was hält dir den Geist befangen!
Ew'ger Vater, sieh mein Bangen,
Ach, was hat er dir getan?

SALOMON.
Dieses Auge, diese Züge,
Wie entstellt starrt er sie an!
Spricht aus ihr der Geist der Lüge?
Spricht aus ihm ein töriger Wahn?
Hält ein sündiges Verlangen
Hält der Wahnsinn ihn befangen?
Mit Erschütterung und Bangen
Seh' ich die Entscheidung nahn!

ASTAROTH.
Durch der Herrin starre Züge
Blickt mich leiser Schauder an,
Bin ich ihr doch seit der Wiege
Bis zum Tode zugetan!
Schöne Herrin, laß das Bangen,
Was du immer magst verlangen,
Astaroth wird an dir hangen,
Und kein Leid darf dir sich nahn!

HOHEPRIESTER.
Wie entstellt sind seine Züge,
Ihn umstrickt ein irrer Wahn,
Daß sie nicht der Qual erliege,
Gott, nimm dich der Jungfrau an!
Hält mit teuflischem Verlangen
Ihn ein böser Geist befangen?
Laß ihn nicht den Sieg erlangen.
Gott, dich bet' ich gläubig an!

BAAL-HAANAN.
Wie entstellt sind seine Züge,
Ihn erfaßt ein böser Wahn!
Er, gekrönt durch Ruhm und Siege,
Nun dem Dämon untertan!

Soll der Stunde Festesprangen
Wandeln sich in Qual und Bangen
Weil ein Tor sich unterfangen,
Hier im Wahnsinn sich zu nahn?

CHOR.
Wie entstellt sind seine Züge,
Ihn erfaßt ein böser Wahn!
Soll der Stunde Festesprangen
Wandeln sich in Qual und Bangen
Weil ein Tor sich unterfangen,
Hier in Wahnsinn sich zu nahn!

KÖNIGIN *abwehrend.*
Dieser wilde Fremdling hier,
König, was heischt er von mir?

ASSAD.
Fremd?

Ruhiger.

Du weißt nicht, wer ich bin?

Näher tretend, flüsternd und gedehnt.

Am Libanon, im Mondenlicht,
Gedenkst du nicht? O Königin!

KÖNIGIN *Assad zurückstoßend, heftig.*
Wahnsinniger! – ich kenn' dich nicht!

CHOR *stürmt vor.*
Zurück, du Rasender, zurück!
Was wagt er frevelnd zu beginnen!

SULAMITH, ASTAROTH, BAAL-HAANAN, HOHEPRIESTER,
CHOR.
Zurück, Unseliger, zurück!
Laß dich beschwören, komm von hinnen!

SALOMON *milde.*
Wo bist du Assad?

SULAMITH *weinend.*
> Mein Assad!

ASSAD.
> Wo ich bin?
> Verrückt, verworren ist mein Sinn!
> Und doch der Blick, der mich durchloht,

> *Er stürzt zu den Füßen des Königs*

33
> Barmherzigkeit, gib mir den Tod!

SALOMON.
> Ermanne dich, mein Sohn und folg den deinen,
> Der nächste Tag soll dich der Braut vereinen!

KÖNIGIN *zuckend, abgewendet.*
> Der Braut?

SALOMON.
> Doch du, mein Gast, tritt ein,
> Das Festgelage harret dein!

Salomon hat der Königin die Hand gereicht und führt sie durch den Kreis der Huldigenden nach links. Die Sklaven knien. Vor Assad, den Sulamith umschlungen hält, bleibt die Königin stehen und wirft einen glühenden Blick auf ihn, heimlich den Schleier lüftend, dann schreitet sie weiter. Auf der Höhe der Stufen wendet sich das königliche Paar, die Versammlung grüßend. Alles stürzt in den Vordergrund, Fahnen und Standarten schwenkend.

CHOR.
> Heil! Heil dem König, Heil der Königin! Heil!
> Schlagt die Pauken, rührt die Saiten!
> Jubelnder Psalmen brausender Klang
> Soll der Kön'gin Schritte begleiten,
> Wenn sie wandelt die Hall' entlang.
> Fülle der Wonne sei euch zuteil,
> Heil dem König, der Kön'gin Heil!

34
> Sabas großer Kön'gin Heil!

Zweiter Aufzug.

Phantastischer Garten von Zedern, Palmen und Rosensträuchen.

*Das Theater von mäßiger Tiefe. Links im Vordergrunde ein
Springbrunnen, dessen Becken auf Stufen steht. Rechts rückwärts
ein Portal, zum Palast führend. Nacht. Aufsteigender Mond.*

Einleitung: Nachtstück und Festmusik.

Erster Auftritt.

*Königin in duftigem, silberdurchwirkten Kleid und Schleier, welche
die ganze Gestalt einhüllen, aus dem Palaste tretend.*

KÖNIGIN.
　Aus des Jubels Festgepränge
　Flücht' ich in die Einsamkeit.

Schmerzlich.

　Im Gewog' der lauten Menge
　Faßt die Seele tiefes Leid:
　Er, der mir das Herz bezwungen,
　Er, den dieser Arm umschlungen,
　Er führt, sobald der Morgen graut,
　Zum Altar die junge Braut!
　Ewig wird er mir entrissen,
　Und wenn jener Fürst von Eis
　Mir entringt des Sieges Preis,
　Soll ich alles, alles missen?
　Seine dunklen Locken küssen
　Sollt' ein andres Weib auf Erden,

Schmerzlich.

18

Und ich soll vergessen werden?
Was du flüchtig nur besessen,
Jenes nie empfundne Glück,
Herz, kannst du es nie vergessen?
Spiegelst du ewig mir's zurück?
Wie, wenn ich mich heimwärts wändte,
Mit dem Freunde, dem Gemahl?
Wenn er mir zur Seite stände,
Blühend in der Schönheit Strahl,
Dort, im stillen Myrtenhain

Leidenschaftlich, innig.

Liebeselig mein zu sein? Ach!
Kann die Krone mir ersetzen,
Hat mein Stolz es je erfüllt
Jenes sel'ge Ergötzen,
O, das die Liebe mir enthüllt?
Wenn sich Arm und Arm umschlingt,
Wenn sich Seel' und Seel' durchdringt?
Libanons verschwiegne Welle
Die den Flammenkuß bezeugt,
Laubgeflüster, Mondeshelle,

Sehr weich.

Schweigt ihr süßen Stimmen, schweigt!
Es bestrickt mir Herz und Sinn,
Ich vergesse wer ich bin! –

Sich rasch aufrichtend.

Und was zwingt mich, ihn zu missen?
Das Geheimnis hüllt uns ein,
Keine Seele braucht's zu wissen,
Weiß nur ich, sein Herz ist mein!
Mein? wird er mir nicht entrissen!

Heut noch soll die Feier sein,
Eine andre wird ihn küssen,
Eine andre! – nein, nein, nein!
Durch das Herz zuckt mir ein Blitzen,
Eine andre ihn besitzen,
Eine Nebenbuhlerin? Ich vernichte dich!

Wild.

Nein, das Band werd' ich zerreißen,
Gürte dich, mein Herz, mit Eisen,
Zeigen will ich, wer ich bin!
Kön'ge sah ich vor mir schmachten,
Und ich durfte sie verachten,
Ich des Ostens Königin!
Daß den Liebling meiner Seele
Eine andre nun mir stehle,
Das erträgst du, stolzer Sinn?
Nein, nur ich will ihn besitzen,
Durch das Herz zuckt mir ein Blitzen,
Zittre! Nebenbuhlerin!
Ich verderbe dich!
Siegen will ich, triumphieren!
Ich vernichte dich!

Zweiter Auftritt.

Die Vorige. Astaroth.

ASTAROTH *heimlich.*
 Süße Herrin!
KÖNIGIN.
 Du bist hier?
ASTAROTH *flüsternd.*
 Eine Kunde bring' ich dir:
 Jener Mann, der sich vermessen,

Der dir frech ins Auge sah –
KÖNIGIN *aufjauchzend.*
Assad! Rede!
ASTAROTH.
Wandelt da
Träumend unter den Zypressen.
KÖNIGIN *spähend.*
Tiefe Stille ringsumher –
Niemand sieht uns – lock ihn her!
ASTAROTH *leise, geheimnisvoll.*
Wie im Schilfe lockt der Reiher,
Wie der Tauber girrt im Moos,
Durch der Nacht verschwiegnen Schleier
Lock' ich ihn her in deinen Schoß.

Die Königin tritt links hinter den Springbrunnen, Stille. Mondlicht
von rechts einfallend.

ASTAROTH *erst links hinter der Kulisse, dann auf der Szene hinter*
einem Busche, dann rechts hinter der Kulisse, allmählich sich entfer-
nend, schließlich wie aus weiter Ferne.
A ha ha!

Dritter Auftritt.

Assad. Später Königin.

ASSAD *von rechts auftretend, träumend, ohne Rüstung.*
Magische Töne, berauschender Duft!
Küsse mich, milde Abendluft,
Kühle die Stirne mir heilend und mild.
Lindre die Qual, die das Herz mir erfüllt.
Um mich schwebt ein zaubrischer Schein,
Wie in Libanons dunklem Hain,
Wo die Quelle sich lockend verlor.
Magische Töne, berauschender Duft!

Küsse mich, milde Abendluft,
Kühle die Stirne mir heilend und mild.

Assad hat vor sich hinträumend sich dem Brunnen genähert, die
Königin hinter dem Brunnen hervortretend, vom Mondlicht
beleuchtet, steht plötzlich vor ihm. – Er fährt erschrocken zurück.

Ha, was seh' ich! täuschendes Licht
Zauberst du wieder ihr Bild hervor?
KÖNIGIN *gedehnt.*
Assad!
ASSAD.
Ewiger, es lebt, es spricht!
Ha, was macht mein Herz erbeben?
Ist es Wahnsinn, ist es Leben?

Er geht auf sie zu und wendet sich wieder ab.

KÖNIGIN *unbeweglich stehend.*
Kommst du endlich, endlich wieder,
Ach, so lange harrt' ich schon,
Steigst du endlich zu mir nieder,
Süßer Freund vom Libanon?
ASSAD *in zitternder Erregung, mit halber Stimme.*
Fest mein Blick, du darfst nicht schwanken,
Nur ein Trugbild schaust du an.
KÖNIGIN.
Wo die klaren Wellen rauschten
Im verschwiegnen Mondenschein,
Wo wir süße Küsse tauschten,
Ach, wie lange harrt' ich dein!
Steigst du endlich zu mir nieder,
Süßer Freund vom Libanon?
Wo die klaren Wellen rauschten
Im verschwiegnen Mondenschein,
Wo wir süße Küsse tauschten,
Ach, wie lange harrt' ich dein!

ASSAD.

    Diese Stimme!

    Ha, der Zauber faßt mich wieder,

    Zieht mich ihr zu Füßen nieder,

    Wie am Quell im Libanon.

KÖNIGIN.

    Kommst du endlich, endlich wieder,

    Ach, so lange harrt' ich schon,

    Steigst du endlich zu mir nieder

    Süßer Freund vom Libanon?

Sie breitet die Arme aus, vortretend.

    Geliebter!

ASSAD *bebend, immer glühender.*

    Willst du wieder mich berücken,

    Dämon, mit den süßen Blicken,

    Du mein Unheil, mein Entzücken,

    Du mein Leben, du mein Tod!

KÖNIGIN.

    Bist du wieder mir gegeben,

    Du, mein Assad, du mein Leben,

    Fühl der Liebe glühend Beben,

    Die für dich im Busen loht!

ASSAD.

    Bist ein Wesen du von oben,

    Aus der Lüfte Hauch gewoben,

    Wie ein flücht'ger Traum zerstoben,

    Wenn mein Arm dich sehnend faßt?

KÖNIGIN.

    Laß das Zweifeln, laß das Fragen,

    Fühle meine Pulse schlagen,

    Laß im süßen Kuß dir sagen,

    Daß du mich gefunden hast!

ASSAD.

    Mich umrauschen dunkle Wogen,

    Hin zu dir bin ich gezogen,

Unter mir versinkt die Welt!
KÖNIGIN.
Laß die Welt um dich versinken,
Wenn dir meine Arme winken,
Dich mein Herz gefangen hält.

*Assad eilt auf sie zu und stürzt zu ihren Füßen. Die Königin hat
mit beiden Händen ihren Schleier erfaßt und indem sie Assad
umschließt, hüllt sie ihn gänzlich ein. Sie bleiben lange umschlossen.*

TEMPELWÄCHTER *von der Höhe, unsichtbar.*
Der Tag ersteht!
Söhne Israels, zum Morgengebet!
KÖNIGIN *sich loswindend.*
Leb wohl!
ASSAD.
Halt ein, du darfst nicht gehn!
KÖNIGIN.
Gedenke mein, auf Wiedersehn!

*Die Königin reißt sich los und verschwindet in den Büschen. –
Assad starrt ihr wie träumend nach, irrt, sie suchend, umher und
sinkt dann an den Stufen des Springbrunnens vorn, in sich verloren,
nieder. – Der Morgen bricht an.*   40

Vierter Auftritt.

Assad, Baal-Haanan und Begleiter.

BAAL-HAANAN UND CHOR *hinter der Szene.*
Die Sonne steigt aus des Morgens Schoß,
Lobet den Herrn, der Herr ist groß.
Badet die Hände in reiner Flut,
Lobet den Herrn, der Herr ist gut.

Baal-Haanan und Chor treten aus dem Portikus.

BAAL-HAANAN *noch auf den Stufen.*
Wer ist's, der dort an der Quelle ruht?

Näher tretend.

Assad!
ASSAD *aufspringend.*
Mein Name!

Wie im Traum.

Rufst du mir?
BAAL-HAANAN.
Was suchst du im gift'gen Nachttau hier?
ASSAD *die Arme ausbreitend.*
Wo bist du?
BAAL-HAANAN.
Verwirrt ist sein Blick, sein Sinn!
Führt ihn zum Schoß der Seinen hin!
CHOR *in Rührung und Teilnahme.*
Armer, getroffen von Gottes Hand,
Heilung sei dir vom Herrn gesandt!

Sie führen Assad langsam ab.

Assad wendet noch einmal schmerzlich den Blick zurück.

Verwandlung.

Der Tempel.

Ganze Tiefe des Theaters. Galerien von beiden Seiten. Ein goldenes Gitterwerk, quer über die Bühne laufend, trennt das Allerheiligste vom Tempelraume. Im Allerheiligsten auf Marmorstufen das Tabernakel, von einem Prachtvorhange, mit Palmen und Cherubsköpfen durchwirkt, geschlossen. Vor dem Tabernakel rechts der hohe siebenarmige, goldene Leuchter. Links Tische mit den

Schaubroten. Vor dem Gitter, mitten im Mittelgrunde, der
Rauchaltar. Links im Vordergrunde eine Estrade, die mit dem
Palaste kommuniziert. Das ganze Gebäude steht auf Zedernpfeilern,
reich mit Gold ausgelegt. Volk unter den Galerien. Priester, Leviten,
Sänger und Harfenspieler, dann der Hohepriester ziehen von rechts
in den Tempel. Die Leviten zünden die Leuchter an. Die Priester
streuen von Zeit zu Zeit unter tiefen Verneigungen Weihrauch auf
den Altar. Die Sänger und Harfenspieler ziehen in ihre Logen.

Beim 10. Takt des F-Dur, 4/4 öffnet sich der Vorhang.

Fünfter Auftritt.

Volk. Priester. Leviten. Sänger. Hohepriester.

HOHEPRIESTER *gegen das Allerheiligste gewendet, im Ornate.*
Danket dem Herrn, denn er ist freundlich!
CHOR DER SÄNGER.
Ewig währt seine Güte!
HOHEPRIESTER.
So spreche Israel!
CHOR DES VOLKES.
Ewig währt seine Güte!
HOHEPRIESTER.
So spreche Arons Haus!
CHOR DER PRIESTER *unter tiefen Verneigungen.*
Ewig währt seine Güte!
HOHEPRIESTER.
So sprechen alle Gottesverehrer!
GANZER CHOR *Priester, Sänger, Volk im Halbkreis gegen das Aller-*
heiligste gewendet.
Ewig währt seine Güte!

Die Priester reichen dem Hohenpriester eine mit Mehr gefüllte
goldene Opferschale, er wendet sich gegen das Tabernakel, verneigt
sich tief und verschwindet hinter dem Vorhange. Die Leviten lassen

Weihrauchdämpfe aufwirbeln. Einzelne aus dem Volke bringen
Opfer: Mehl in Schalen, Öl in Krügen. Die Leviten empfangen die
Opfergaben.

CHOR DER MÄDCHEN *noch hinter der Szene.*
    Wie auf das Saatkorn dein Segen taut,
    Segne, o Herr, die junge Braut!

Sechster Auftritt.

Die Vorigen. Sulamith. Jungfrauen.

Von rechts im Vordergrunde zieht ein Zug von Jungfrauen ein, in
goldenen Schalen Weizenkörner, in Krügen Öl tragend. In ihrer
Mitte Sulamith, weiß gekleidet, einen seidenen, silberdurchwirkten
Schleier rückwärts vom Kopfe herabwallend. Sie trägt in einem
offenen Korbe ein Taubenpaar.

CHOR DER MÄDCHEN.
    Wie auf das Saatkorn dein Segen taut,
    Segne, o Herr, die junge Braut.
    Wie Öl im Krüglein, lauter und klar,
    Sei das Geschick dem liebenden Paar!
SULAMITH.
    Dies Taubenpärchen, sanft und rein,
    Laß mich dir, Herr, als Opfer weihn,
    Sieh, wie sie flattern ängstlich vor dir,
    So zittert das Herz im Busen mir.
    Doch ein Gebet nur stammelt es laut:
    Genesung! o Vater, dem Liebsten traut.
CHOR DER MÄDCHEN.
    Wie Öl im Krüglein, lauter und klar,
    Sei das Geschick dem liebenden Paar!
SULAMITH.
    Ich neige das Haupt vor deinem Altar,
    Gib mir ihn wieder, wie er mir war.

Siebenter Auftritt.

Die Vorigen. Salomon. Assad. Gefolge. Dann Königin. Astaroth.
Salomon mit Assad und Gefolge von der Estrade links. Assad trägt
ein weißes Kleid, goldenen Gürtel, er schreitet schwankend und
mit am Boden haftenden Blicken.

SALOMON *einen Augenblick feierlich gegen das Allerheiligste gewendet,*
dann zu Assad.
    Blick empor zu jenen Räumen
    Zu des Höchsten Majestät!

Sehr ruhig und sanft.

    Rüttle dich aus deinen Träumen,
    Die Erlösung wird nicht säumen,
    Wenn dein Herz in Demut fleht.
    Tritt ihr zum Altar entgegen,
    Des Himmels Segen bringt entgegen
    Der Jungfrau reine Hand.

Sulamith legt die Hand auf Assads Schulter.

SALOMON *zum Hohenpriester, der aus dem Allerheiligsten tritt.*
    Priester Gottes sprich den Segen,
    Weihe dieses heil'ge Band.

Assad schauert zusammen. Er steht neben Sulamith, Jünglinge mit
grünen Zweigen treten zu Assad, Mädchen zu Sulamith.

HOHEPRIESTER *auf der Höhe stehend.*
    Der Ew'ge segne und behüte euch!
CHOR.
    Amen!
HOHEPRIESTER.
    Er lasse euch sein Antlitz leuchten!

CHOR.
Amen!
HOHEPRIESTER.
Und gebe euch den Frieden!

Er steigt herab.

CHOR.
Amen!
HOHEPRIESTER *zwischen das Paar tretend, er hält Assad den Ring hin.*
Durch diesen Ring gelob' ich dir –
Hier erscheint die Königin mit Astaroth auf der Estrade.
ASSAD *erblickt die Königin.*
Durch diesen Ring –

In heftigster Erregung.

Weh mir, wer naht sich mir!

Er wirft den Ring weg, nach der Stirn greifend.

Ich träume nicht, nein, nein, ich sehe!
ALLE.
Der Wahnsinn faßt ihn, wehe, wehe!
SALOMON *betreten.*
Du, Kön'gin, hier?
KÖNIGIN *näher tretend.*
Ich bin's fürwahr!

Sie zeigt auf eine goldene Schale voll Perlen, die Astaroth trägt.
Diese geht damit auf Sulamith, die sich heftig abwendet.

44   Ein Brautgeschenk bring' ich der Jungfrau dar!
ASSAD *glühend.*
Ob du aus Duft und Schein,
Ein Schatten, wirst verwehen,

Ob du ein irdisch Sein,
Bei Gott, ich will es sehen!

*Assad stürzt auf die Königin zu und erfaßt ihren Schleier, die
Leviten halten ihn.*

ALLE.
  Wahnsinn'ger, halte ein!
  Willst du des Tempels Hallen
  Durch sünd'ge Tat entweihn?
PRIESTER UND LEVITEN.
  Er ist Scheol verfallen!
SULAMITH.
  O Ew'ger, welche Pein!
KÖNIGIN.
  So soll der Bund zerfallen!
SALOMON.
  Mir tagt der Wahrheit Schein!
ASSAD.
  Ob ich dem Wahn verfallen –
  Sie soll mein Richter sein!

Er tritt vor die Königin.

  Du, der des Herzens Flammen
  In wilder Glut entbrennen,
  Wirst du mich auch verdammen,
  Wirst du mich rasend nennen?
SALOMON *zur Königin.*
  Sprich, lehr dies Rätsel mich verstehn.
ALLE.
  O sprich, was ist mit ihm geschehn?
KÖNIGIN *schwankt einen Augenblick und tritt dann stolz zurück.*
  Ich kenn' ihn nicht, ich hab' ihn nie gesehen!
CHOR.
  Weh, so ist's klar, Schrecken und Bangen,
  Ein Dämon hält ihm die Seele befangen,

Der ihn besessen hält tückisch und dreist,
Priester Gottes, banne den Geist!

KÖNIGIN UND ASTAROTH.

Das Bündnis soll zerfallen,
Triumph, es ist getan,
Kein andres Weib von allen
Wird seinem Herzen nahn!

ASSAD UND SULAMITH.

Es faßt mit wilden Krallen,
Verzweiflung faßt mich an,
Dem Tod bin ich verfallen,
Es ist um mich getan!

SALOMON.

Es faßt mit wilden Krallen
Mich banger Argwohn an,
Den Schleier seh' ich fallen
Und die Entscheidung nahn!

HOHEPRIESTER.

Hör meinen Ruf erschallen,
Laß deine Hilfe nahn,
Du Herrscher über allen
Vertilge Trug und Wahn!

BAAL-HAANAN. PRIESTER UND LEVITEN. CHOR.

Laß heil'gen Schwur erschallen,
Vertilge Trug und Wahn!
Ein Wunder sei getan!

HOHEPRIESTER *die Hände gegen Assad; dieser hat sich wie gebannt
immer mehr dem Hohenpriester mit kurzen Schritten und gebeugten
Hauptes genähert.*

Ihr Geister, die dem Satan dienen,
Bestrickend dieses Mannes Sinn,
Weicht vor dem Thron der Cherubinen,
Und flieht ins Reich der Nacht dahin!

*Er schreitet zum Allerheiligsten. Große Spannung und Aufregung
bemächtigt sich der ganzen Volksmasse. Posaunen auf dem Theater,
hinter der Szene. Er gibt ein Zeichen. Mit dem Tamtamschlag rollt*

*der Vorhang im Hintergrunde auf. Man sieht die Bundeslade, auf
der die goldenen Cherubim lagern. Der Chor stürzt aufs Angesicht
nieder.*

ALLE.
  Halleluja!

Assad überwältigt, laut atmend.

Königin verhüllt sich.

Salomon richtet seinen Blick auf die Königin.

HOHEPRIESTER *zurückkommend.*
  Erhebe dich in Gott, mein Sohn!
KÖNIGIN *rasch, flüsternd.*
  Assad!
ASSAD *heftig.*
  Das ist ihr Zauberton!

Rasend.

  Fort! Ihr sollt mich nicht betören,
  Ich verfluche euern Wahn!
  Mögt ihr mich bei Gott beschwören,

Er will auf die Königin zustürzen, die Leviten halten ihn.

  Meine Göttin bet' ich an!

*Tamtamschlag auf der Bühne. Allgemeines Entsetzen; das Volk
flieht aus den Galerien über die Bühne. Der Vorhang des
Allerheiligsten schließt sich. Die Priester stürzen in den
Vordergrund. Salomon tritt zwischen Assad und die Königin.*

CHOR.
  Gotteslästerung, laßt uns fliehn!

Wehe! Wehe!
Er hat befleckt Jehovas Haus!
PRIESTER UND LEVITEN.
Anathema über ihn!

Der Hohepriester zerreißt sein Gewand. Die Flammen des Altars,
die Kerzen, werden von den Leviten ausgelöscht.

EINZELNE STIMMEN AUS DEM VOLKE.
Schleppt ihn fort! Er sterbe!
Zum Blutgericht! Schleppt ihn fort!
SULAMITH UND CHOR.
Gott! Erbarmen! Sieh mein Bangen,
Geh mit ihm nicht ins Gericht,
O rette ihn!
ASSAD.
Ha, der Tod ist mein Verlangen,
Führt mich hin zum Blutgericht!

In wilder Raserei.

Ich verfluche euren Wahn,
Meine Göttin bet' ich an!
KÖNIGIN.
Weh, zu weit bin ich gegangen,
Götter helft, verlaßt mich nicht!
ASTAROTH.
Welcher Schreck hält sie befangen,
Es erbleicht ihr Angesicht!
SALOMON.
Es gestehn die bleichen Wangen,
Und die stumme Lippe spricht!
HOHEPRIESTER.
Fluch ihm, der sich so vergangen
Vor Jehovas Angesicht!

ALLE ANDERN.
> Fluch ihm, der sich so vergangen,
> Schleppt ihn fort zum Blutgericht!

*Sie zerren Assad fort in den Hintergrund. Die ganze Chormasse
wild um ihn herum zum Knäuel geballt.*

SALOMON.
> Haltet ein!
> Der König wird sein Richter sein!

KÖNIGIN, SULAMITH UND ASTAROTH.
> O rett' ihn!

DIE ÜBRIGEN.
> Er sterbe!

*Baal-Haanan tritt mit den Wachen vor. Die Priester lassen Assad
los. Baal-Haanan und die Wachen treten hinzu. Die Königin will
auf Assad zu, Salomon dazwischentretend, weist sie majestätisch
zurück. Sulamith stürzt zu des Königs Füßen, seine Knie
umklammernd; die Priester heben drohend die Hände.*

Der Vorhang fällt schnell

48

Dritter Aufzug.

Festhalle.

Prachtvoll beleuchtet und mit Blumen geschmückt. Die eigentliche Vorhalle, zwei Kulissen tief, kann durch einen schweren Vorhang geschlossen werden. In der Tiefe sieht man Schenktische. Mundschenke tragen Schüsseln und Pokale. Die ganze Halle ist von Weibern des Harems angefüllt. Tanzende Bajaderen mit Bechern und Kränzen.

Der Vorhang öffnet sich beim 7. Takt.

Erster Auftritt.

Ballett.

Bienentanz der Almeen. – Ein Mädchen, tief in einen Schleier gehüllt, der auch einen Teil ihrer oberen Gewandung bildet, treibt scherzend scheinbar eine Biene vor sich her; bald sich vor ihr ängstigend, dann mit dem Schleier sie wegscheuchend. Die Gebärden der Angst mehren sich, als ob die Biene sie nun zudringlicher verfolgte. Plötzlich bleibt sie erschrocken stehen; die Biene ist scheinbar in die Kleider gedrungen, sie sucht sich vergeblich von ihr zu befreien, und wickelt sich schnell und geschickt aus dem Schleier, den sie von sich wirft. Die Biene ist im Schleier geblieben; das Mädchen atmet auf. Mit anmutiger Gebärde umtanzt sie den Schleier, lüftet ihn endlich vorsichtig; die Biene entschlüpft. Sie hüllt und wickelt sich schnell wieder tief in den Schleier; das Spiel beginnt von neuem. Endlich tanzt sie, vor der Biene immer fliehend und sie von sich scheuchend, von der Bühne. Das Ganze soll mit Grazie und Anmut, teils mimisch, teils tanzend ausgeführt werden. Die andern Mädchen mit Blumenkränzen und Schleiern mischen sich nach und nach in ihren Tanz. Als die Biene dem Schleier entschlüpft, fliehen sie zurück.

CHOR DER FRAUEN.
    Rauschet, rauschet durch die Lüfte,
    Festeslieder, froher Tanz,
    Rauscht empor zum Himmelszelt,
    Denn es ehrt durch hohe Feste
    Seine königlichen Gäste
    Salomon, der Herr der Welt!
    Rauschet; rauschet durch die Lüfte,
    Festeslieder, froher Tanz, ahi!
    Wirbelt auf, ihr Blumendüfte, ahi!
    Durch den hellen Kerzenglanz!
    Becher klirren, Reigenschwirren
    Rauscht empor zum Himmelszelt!

Königin im reichsten Schmuck, tritt durch die Mitte auf.

Salomon folgt ihr.

Die Tanzenden ziehen sich bis zum Bogen zurück.

Zweiter Auftritt.

Königin. Salomon.

SALOMON.
    Vom Mahle brichst du auf,
    Behagt mein Fest dir nicht?
    Wie? eine Wolke trübt dein Angesicht?

Mit auffordernder Gebärde an die Tanzenden.

Verscheuche sie Musik und Tanz.

Der Tanzchor rauscht lebhaft herbei.

KÖNIGIN.
  Genug!

Der Tanzchor zieht sich zurück. Die Vorhänge schließen sich.

Zögernd.

  Berauschend ist des Festes Glanz,
  Und doch. –
SALOMON.
  Sag, Herrin, dein Begehren!
KÖNIGIN.
  Willst du mir einen Wunsch gewähren?
SALOMON.
  Mein halbes Königreich!
KÖNIGIN.
  Zuviel!
  Nur einer Laune leichtes Spiel!
  Ein Nichts!
SALOMON.
  Sprich!
KÖNIGIN.
  Jenes Jünglings Leben,
  Das deiner Priester Ingrimm preisgegeben!
SALOMON *zurücktretend.*
  Wie, Assad?
KÖNIGIN *leicht.*
  Assad nennt er sich?
  Nun wohl, für Assad bitt' ich dich.
SALOMON *ernst.*
  Nicht mir gehört des Frevlers Leben,
  Dem strengen Richtspruch ist's geweiht!
KÖNIGIN.
  Des Königs Hand kann *alles* geben
  Und weigert mir die Kleinigkeit?
SALOMON.
  Was ist er dir?

KÖNIGIN *stolz.*
    Was er mir ist?

            Verächtlich.

    Ein Nichts, das ich kaum weiß zu nennen!
    Doch alles, um jetzt zu erkennen,
    Ob du dem Gast gewogen bist.

            Schmeichelnd.

Sein Leben!
SALOMON.
    Forderst du's von mir?
    In jener Stunde hing sein Blick an dir,
    Du konntest ihn vom Bann erlösen,
    Und deinem Herzen ist er fremd gewesen.
KÖNIGIN.
    Ha! Mein erster Wunsch, dir gilt er nichts!
    Begehrtest du von mir als Gabe,

            Mit Größe.

    Was meine Krone Höchstes schmückt,
    Dir böt' ich alles, was ich habe,
    Wenn es dich einen Tag beglückt.
    Ein Weib, das unter Flehen zum erstenmal sich neigt,
    Das kannst du fühllos sehen und deine Großmut schweigt? Ach!
SALOMON.
    Locke nur mit jenen Tönen,
    Mit denen du sein Herz berückt,
    Nie wird mein Ohr den Sinnen frönen,
    Ich habe deinen Plan durchblickt!
KÖNIGIN.
    Noch einmal, wer er immer sei,

            Weich, zögernd.

Ich flehe –

Bestimmt.

fordre! Gib ihn frei!

Der König, der abgewendet stand, wendet sich bei dem Worte
»fordre« hastig der Königin zu. Dann geht er, heftig erregt, das
Gesicht abgewendet an ihr vorüber.

Er schweigt – o Schmach – o bittrer Schmerz.
Es kocht mein Blut – es zuckt mein Herz.

Bühnenmusik.

SALOMON *verbindlich.*
Willst du zum Fest zurück nicht kehren?
Es harret dein, o Königin!
KÖNIGIN *heftig.*
O bittre Schmach, mich nicht zu hören,
Du letzte Hoffnung fahre hin!

Sie richtet sich groß auf und tritt auf Salomon zu. Mit
unterdrückter Stimme.

So gilt dir meine Gunst so wenig?
Höhnst du die Königin, den Gast?
Gib acht, gib acht, du stolzer König,
Wen du von dir gewiesen hast!
Die Stunde wirst du noch verklagen,
Da du gehört mich zu dir flehn,
Gib acht, gib acht, in spätern Tagen
Wirst du mich wiederkommen sehn,
Dann stolzer Fürst, dann sollst du zittern,
Wenn der Vergeltung Stunde naht.
Wenn Sabas Eisenlanzen splittern,
Wenn Zions Thron in Trümmer sinkt,

Dann zittre, du stolzer Fürst!

SALOMON.

Mich schreckt nicht dein Drohen!
Der Gott, der meinen Thron gegründet,
Er heischt die Wahrheit und das Licht!
Die Fackel, so die Nacht entzündet,
Verlöscht vor seinem Angesicht.
Dein Drohen macht mich nicht erzittern,
Du findest mich zum Kampf bereit!

KÖNIGIN.

Fahr' wohl! Jetzt Götter! steht mir bei,
Was es auch gilt – ich mach' ihn frei!

Sie stürzt ab.

SALOMON.

Fahre hin!

Dritter Auftritt.

Salomon allein. Später Baal-Haanan.

SALOMON.

Entlarvt hat sich dein Herz, du Heuchlerin!
Die dreimal ihn verraten, fahr' hin!
Und du, mein Assad, kann ich dich erretten?
Nein, nur du selbst kannst dich befrein,
Zerbrichst du des Versuchers Ketten,
Wirst du entsühnt, begnadigt sein.

BAAL-HAANAN.

Der Richterspruch ist gefällt, des Gotteslästrers Leben,
Es ist verwirkt, nur du kannst Gnade geben!

SALOMON.

Führ Assad hierher zu mir!

FRAUENCHOR *noch hinter der Szene.*

Weinet, Töchter Salems, weinet laut.

SALOMON.
    Was will der Trauerklang?
BAAL-HAANAN.
    Sulamiths Grabgesang!
GANZER CHOR.
    Die Braut der Wonne ist des Jammers Braut.
    O weinet laut!
SALOMON.
    Sie wird mich finden.

Vierter Auftritt.

*Baal-Haanan winkt, der Vorhang öffnet sich. Sulamith in langem
schwarzen Schleier, umgeben von ihren Gespielinnen und einer
Schar von Jünglingen. Baal-Haanan geht ab.*

CHOR.
    Wie Jephthas Tochter zieht sie, Gott geweiht,
    Aus Kedrons Talen in die Einsamkeit!
    O weinet laut!
SALOMON.
    Sprich, Sulamith, was hast du mir zu künden?
SULAMITH *tritt allein vor, alle andern bleiben im Hintergrunde.*
    Die Stunde, die ihn mir geraubt,
    War meine Totenfeier,
    Die Blumen riß ich mir vom Haupt
    Die Locken schnitt ich mir vom Haupt
    Und nahm den Witwenschleier!
    Dem Ew'gen hab' ich mich geweiht,
    Und fern in öden Mauern
    Will ich in heil'ger Einsamkeit
    Um meine Jugend trauern.

*Schmerzüberwältigt bedeckt sie weinend und vom Könige
abgewendet ihr Gesicht mit beiden Händen.*

Doch eh' ich in des Todes Tal
Zur ew'gen Ruhe ziehe,
Umfass' ich noch zum letztenmal,
Mein König, deine Kniee:
O laß ihn durch dein Machtgebot
Die Freiheit, Herr, erwerben,
Errette mir den Freund vom Tod,
Und selig will ich sterben!

CHOR *etwas näher tretend.*
O laß ihn durch dein Machtgebot
Die Freiheit, Herr, erwerben,
Rette ihr den Freund vom Tod,

Noch näher tretend.

Nur du kannst Gnade geben.

Sulamith ist, in Tränen erstickt, mit beiden Händen das Gesicht bedeckend, vor Salomon in die Knie gesunken. Der Chor kniet mit Sulamith zugleich nieder.

SALOMON.
Vor meinem Auge sinkt die Hülle,
Der Zukunft Lichtstrahl dämmert schon.

CHOR.
Horch, lauscht in ehrfurchtvoller Stille!

Alle erheben sich langsam und stille. Sulamith steht, den König anstarrend, in gespanntester Erwartung. 54

SALOMON *prophetisch.*
Sieh, dort am fernen Wüstensaum,
Bei dem Asyl der Gottgeweihten
Hebt einsam sich ein Palmenbaum,
Dorthin wirst du die Schritte leiten.
Der Ostwind weht in seinen Blättern,
In Purpur hüllt der Abend sich,

Der Friede senkt nach Sturmeswettern
Sich über ihn und über dich!
SULAMITH.
O süße Hoffnung sei mein Stab,
Leb wohl, ich zieh' in mein Grab!
CHOR.
O weinet laut!

Der König schreitet, Sulamith mit einer Gebärde auf den Trost
des Himmels verweisend, dem Ausgang zu. Dort wendet er sich
nochmals, geht heftig bewegt auf Sulamith zu, faßt ihre beiden
Hände, sie voll Teilnahme anblickend, legt ihr die Hand wie
segnend aufs Haupt und geht dann schmerzbewegt ab. – Indem
Sulamith, die während der stummen Szene in sich gesunken und
bewegungslos gestanden, und alle übrigen sich zum Ausgang
wenden, fällt langsam der Vorhang.

55

Vierter Aufzug.

Am Saume der Wüste.

Rechts im Hintergrunde erhöht, ein Asyl der heiligen Jungfrauen.
Links im Vordergrunde eine hohe verdorrte Palme. Schwüle Luft.

Erster Auftritt.

Assad allein.

ASSAD *tritt von rechts auf, müde und gebrochen.*
Wohin lenk' ich die müden Schritte?
Vom Tod hat mich des Königs Spruch befreit,
Und mich verbannt in die Einsamkeit.
Verfemt bin ich, verstoßen und gemieden,
Der eignen schweren Schuld bewußt;
Gib meiner todeswunden Brust,
Allmächtiger, deinen Frieden.

Zweiter Auftritt.

Assad. Die Königin.

Es dämmert.

KÖNIGIN *von rechts.*
    Assad!
ASSAD *in sich versunken.*
    Wer ruft mir?
KÖNIGIN.
    Assad!
ASSAD *bebend.*
    Traumgesicht!

44

Zerrinne, fort! ich kenn' dich nicht!

KÖNIGIN.

Ich bin's! Durch der Wüste Pfade
Folgt' ich dir, wie mein Herz geahnt!
Der Liebe wundervolle Gnade
Hat mir den Weg zu dir gebahnt.
O komm, es harren die Kamele,
Nach Sabas Reichen folgst du mir.
Mein Assad! Abgott meiner Seele!

ASSAD.

Willst du noch einmal mich verhöhnen,
Du Dämon, dem ich untertan?

KÖNIGIN.

Nein, nein, kein Dämon; unter Tränen
Fleh' ich dich um Verzeihung an!
Dem Wahn, der mir den Mund verschlossen,
Dem falschen Ehrgeiz sprech' ich Hohn.

Geheimnisvoll.

Ich war's, ich war's, die dich umschlossen
Im Mondenlicht am Libanon,
Ich, eine Königin geboren,
Ich, deine Sklavin, teurer Mann!
Ich bin's, die sich an dich verloren,
Die ohne dich nicht leben kann!

ASSAD.

Laß mich, du wirst mich nicht betören,
Nicht weiden dich an meiner Pein.

KÖNIGIN *innig.*

Mit meiner Liebe will ich zahlen,
So reich, so voll, so unerhört!
Assad sieh, der Liebe Flammen
Fassen mich mit wilder Pein,
Kann die Liebe mich verdammen?
Kann die Liebe fühllos sein?
O höre mich!

Sieh die Tränen, die dir fließen,
Blut des Herzens, das dich liebt!
Mein Assad, ich liebe dich!
Deine Knie will ich umschließen,
Bis mein Assad mir verziehn.

Sie stürzt auf die Knie.

ASSAD.
　　Ja, ich kenne diese Flammen,
　　Sie, die Quelle meiner Pein,
　　Gib mir Kraft, sie zu verdammen,
　　Laß mich, Ew'ger, gefühllos sein!
　　Laß mich! Weh mir, welches Bangen,
　　Jeder Nerv zittert wild
KÖNIGIN.
　　O komm!

Sehr zart.

　　Im Schatten dunkler Palmen
　　Weiß ich ein Plätzchen, niemand kund,
　　Der Liebe nie verstandne Psalmen
　　Erklärt dir flüsternd dort mein Mund,
　　Die Blumen hauchen stille Küsse,
　　Im Paradies, wo Liebe weilt,
　　Des Lebens Blüt' voll Wonnesüße,
　　Sei zwischen mir und dir geteilt.

Leidenschaftlich drängend.

　　O zögre nicht, die Stunden fliehen,
　　O komm, o komm! o laß uns ziehen,
　　Ins Paradies der höchsten Lust!
　　Wo Liebe schwelget Brust an Brust!
ASSAD.
　　Wo bin ich?

Sich fassend.

Herz, du schwankest wieder!

Erregt.

Ermanne dich! – Allmächt'ger Gott,
Dein Strahl blitzt leuchtend auf mich nieder,
Dein bin ich, dein, Herr Zebaoth.
Der Tod soll mich mit dir versöhnen,
Die ird'sche Welt werf' ich von mir;
Verführerin, mit deinen Tränen
Lockst du umsonst, mir graut vor dir.
KÖNIGIN *heftig.*
58   Assad!
ASSAD.
        Hinweg, du lockst vergebens!
KÖNIGIN.
        Assad!
ASSAD.
        Fort, ich verfluche dich!
KÖNIGIN.
        So fahre hin, Glück meines Lebens,
        Schatten der Nacht, verschlinget mich!
ASSAD.
        Du ewiger Richter meines Lebens,
        In deine Arme werf' ich mich!

*Die Königin stürzt in höchster Erregung ab. Assad sinkt unter den
Palmen zusammen.*

Dritter Auftritt.

Assad allein

ASSAD.

Komm, Tod, geendet sind die Qualen,
Der Seele Kraft hab' ich erprobt,
Der wilde Sturm hat ausgetobt.
Mit meinem Leben will ich zahlen
Der Gotteslästerung schwere Schuld.
O, nimm mich auf, du ew'ge Huld!

Sich erhebend, ruhig.

Als Führer in das Jenseits tritt
Dein lieblich Bild vor meine Seele,
Du Engel, den ich mir erwähle,
Du bist es, meine Sulamith.

*Die Luft nimmt nach und nach eine düstere, rötlich glühende
Färbung an. Mit warmer Innigkeit.*

Du Ew'ger, der mein Aug' gelichtet
Nach der Verblendung trüber Nacht,
Du Vater, der barmherzig richtet,
Was seiner Kinder Wahn vollbracht,
O neige dich aus deinen Höhen,
Erhöre meine letzte Bitt',
Für mich nicht ringt zu dir mein Flehen,
Herr, Segen über Sulamith!
Ich trage, was ich selbst verschuldet,
Mich treffe deiner Strafe Pein,
Doch sie, die nur für mich geduldet,
Laß deiner Huld empfohlen sein!
Ein letzter Gruß aus diesem Leben
An die, die liebend für mich litt!

59

O Gott, mögst du wie sie vergeben,
Herr, Segen über Sulamith!

Die abziehende Königin mit ihrem Gefolge erscheint als Gruppe
in einer Fata Morgana. Das Bild wird in dem darauffolgenden
Sturme verschlungen. Sandwolken fegen im Hintergrunde über die
Bühne, und verdunkeln vorübergehend die Luft.

Vom Himmel tönt mir Antwort wieder,

In heftiger Steigerung.

Der Samum peitscht der Wüste Meer,
Begrabet meine müden Glieder,
Türmt euch, ihr Wogen, um mich her!
Wenn deiner Engel Tuben schallen,
Der Richter mir entgegen tritt
Soll noch mein letzter Hauch verhallen:

Wie ohnmächtig nach Luft und Atem ringend.

Herr, Segen, dein Segen über Sulamith!

Er stürzt unter dem Palmbaum zusammen.

Eine mächtige von rechts hereinbrechende Sandwolke stürmt nach
links vor der Palme vorbei. Die Bühne ist vollkommen verfinstert.
Das Vorbeiziehen dieser Sandwolke ist lange andauernd und nach
und nach den Hintergrund gänzlich verhüllend, auch Assad wird
unsichtbar. – Der Sturm läßt allmählich bis zum vollkommenen
Erlöschen nach.

60

Vierter Auftritt.

Die düstere landschaftliche Färbung hat einer freundlich heiteren Platz gemacht. Sulamith tritt rechts auf, von zwölf Jungfrauen begleitet und bleibt im Hintergrunde stehn.

FRAUENCHOR *hinter der Szene.*
> Uns're Tränen tau'n auf deinen Schritt,
> Auch Zion weint um dich, o Sulamith!
> O weinet laut!

ASSAD *das Haupt hebend, mit sterbender Stimme.*
> Sulamith!

SULAMITH.
> Ha, welche Stimme, ist's ein Traum?

Sie bleibt stehen.

CHOR.
> Ein Sterbender dort unter dem Palmenbaum.

SULAMITH *fliegt hinzu und nimmt den Schleier zurück, ihn erkennend.*
> Assad! Mein Assad!

ASSAD *breitet die Arme aus.*
> Sulamith!
> O Gott, erhört hast du mein Flehn,
> Ich darf sie sterbend wiedersehn!

SULAMITH *kniend neben Assad, umfaßt sein Haupt.*
> Du stirbst – nimm meine Seele mit!

Schmerzlich.

> Das, Seher, wolltest du mir künden!

ASSAD *sehr zart und innig.*
> O süßer Traum!
> In deinen Armen darf ich scheiden.
> Du Engel! kannst du mir verzeihen?

SULAMITH *sehr zart und innig.*

Die ew'ge Liebe winkt uns beiden,
Im Tode bist du wieder mein.

BEIDE.

Im lichten Schoß der ew'gen sel'gen Freuden,
Werd' ich mit dir vereinigt sein!

ASSAD *mit letztem Aufflammen.*

Erlösung! – Sulamith!

Er sinkt sterbend zurück.

Sulamith stürzt mit einem halberstickten Schrei über Assad.

CHOR DER MÄDCHEN *kniend, ergriffen.*

Der Freund ist dein,
Im Reich der ewigen Liebe!

*Die Nebel zerteilen sich, Cherubine mit Harfen, Zymbeln und
Tuben werden in den Wolken sichtbar.*

Ende.

Biographie

1821 *14. Januar:* Salomon Hermann Mosenthal wird in Kassel als Sohn einer jüdischen Kaufmannsfamilie geboren. In Kassel besucht er das Lyceum Fridericanum. Anschließend studiert er am Polytechnikum in Karlsruhe Naturwissenschaften.

1842 Nach seiner Promotion in Marburg geht Mosenthal nach Wien, wo er als Hauslehrer und Erzieher arbeitet. Zudem versucht er sich auch als Schriftsteller.

1845 Das Volksstück »Der Holländer Michel« beschert Mosenthal einen ersten Erfolg.

1848 Mit »Deborah« erreicht Mosenthal seinen Durchbruch. Das Volksstück findet auf der ganzen Welt Beachtung.

1850 Mosenthal erhält eine Stelle als Beamter im Unterrichtsministerium.

1854 Am Burgtheater kommt das Stück »Der Sonnwendhof« zur Aufführung. Auch dieses Volksstück findet beim Publikum großen Anklang.

1864 Mosenthal wird Vorstand der Ministeriumsbibliothek.

1872 Nach seiner Akkolade darf er sich nun Ritter von Mosenthal nennen.

1877 *17. Februar:* Mosenthal stirbt in Wien.